DENISON CARLOS VIEIRA RIBEIRO

EVITAR NEGAR DEFENDER
Conheça os protocolos de segurança para sua escola contra agressor ativo.

1ª edição
2023

Copyright 2023 DENISON RIBEIRO

ISBN: 9798393228682

Selo editorial: Independently published

Grafia atualizada segundo o Acordo Ortográfico da Língua Portuguesa de 1990, que entrou em vigor no Brasil em 2009.

Título original: EVITAR NEGAR DEFENDER . Conheça os protocolos de segurança para sua escola contra agressor ativo.

Citação: RIBEIRO, Denison. EVITAR NEGAR DEFENDER . Conheça os protocolos de segurança para sua escola contra agressor ativo. 1ªEd. 2023.

3

Em Homenagem a Enzo Barbosa, Larissa Toldo, Bernardo Machado e Bernardo Pabst , Anjos da creche em Blumenau Santa Catarina.

Sumário

ESCOLA..........12

ORIENTAÇOES TÉCNICAS EM AMBIENTE ESCOLAR........15

Identificação Pontos Sensíveis........15

- Professores...........21
- Conflito escolar..........24
- Curso de Segurança Escolar.........30
- Rede de Proteção...........33

ALUNO............38

- O Estatuto da Criança e do Adolescente (ECA)............40
- Bullying..............44
- **ESTRATEGIAS DE PREVENÇÃO QUANTO AO ALUNO...........48**
- Estratégias primárias..........48
- Estratégias secundária.........51
- Estratégias terciárias...........54

ATAQUES EM AMBIENTES PÚBLICOS........57

Estudos Recentes........62

AGRESSOR ATIVO.........70

- Características do agressor........74
- Efeito Copycat Effect ou Contágio Social......78
- EVITAR.......89

NEGAR..........90
DEFENDER..........92
Discurso final..........94

REFERÊNCIAS..........97

Prólogo

O ambiente escolar seguro é fundamental para o sucesso acadêmico e emocional dos alunos. A criação de um ambiente acolhedor e seguro deve ser uma prioridade em todas as instituições de ensino, desde escolas primárias até universidades.

Um ambiente escolar seguro não apenas ajuda a prevenir comportamentos violentos e prejudiciais, como também promove um sentimento de segurança e conforto para os alunos e funcionários. Isso pode levar a uma maior participação dos alunos em atividades escolares, um melhor desempenho acadêmico e um aumento da autoestima e confiança.

Após o ataque que ocorreu na creche Cantinho Bom Pastor, que fica na rua dos Caçadores, no bairro Velha em no Estado de Santa Catarina, me fiz a seguinte pergunta "qual protocolo de segurança escrito para as escolas de Belém do Pará?" Como policial especialista na área de segurança pública e defesa social comecei uma busca por conhecimento atras de artigos e livros.

Para garantir um ambiente escolar seguro, é necessário implementar medidas como protocolos de segurança, programas de prevenção de bullying e violência, instalações seguras e bem conservadas, e uma equipe de funcionários treinados e dedicados. Além disso, a colaboração dos pais e da comunidade é fundamental para a criação de um ambiente escolar seguro e acolhedor.

Com esse pensamento em questão resolvi escrever o livro que o leitor poderá ter como referência para essas questões. Com o conhecimento prático de combate à violência em mais de 17 anos como policial militar fiz alguns cursos, entrei em contato com diversos amigos policiais militares de outros Estados até encontrar uma direção através de um amigo Sargento Rietow do Estado do Paraná o qual agradeço enormemente por esta comprometido com a segurança nas escolas.

A minha intenção e criar um ambiente escolar seguro, onde as instituições de ensino não apenas protegem seus alunos e funcionários, mas também ajudam a promover uma sociedade mais justa e equitativa, onde todos têm a oportunidade de prosperar e alcançar seu pleno potencial.

Não posso esquecer da minha família que é uma das instituições mais importantes da sociedade, um espaço onde o amor, o respeito e o cuidado são cultivados. Entre as muitas configurações familiares possíveis, uma das mais comuns é a formada por um casal e seus filhos. Neste caso, a minha esposa Tatiany Ribeiro, os pais Sebastião e Vanderlene e a meus três filhos Calil, Ester e Helena que compõem um núcleo familiar completo e rico em desafios e oportunidades.

No final das contas, a família formada pela esposa, os pais e três filhos é um retrato da vida em constante evolução, um lugar de amor e apoio incondicional, onde todos têm a oportunidade de crescer e prosperar juntos.

ESCOLA

A escola é um ambiente que deve proporcionar educação e formação para os estudantes, mas também é responsável pela promoção da segurança e bem-estar de toda a comunidade escolar. Infelizmente, situações de indisciplina e atos infracionais podem ocorrer, e é importante que as escolas estejam preparadas para lidar com esses casos de maneira eficaz e pacífica.

Uma das principais soluções para lidar com situações de indisciplina e atos infracionais é a resolução pacífica de conflitos. Para isso, é necessário conhecer os principais fundamentos dessa abordagem e incentivar sua prática no ambiente escolar. É importante lembrar que as instituições integrantes do Sistema Nacional de Segurança, especialmente a Polícia Militar com ênfase no Batalhão Escolar, também têm um papel fundamental na promoção da segurança nas escolas.

Além disso, é preciso compreender a Teoria do Triângulo do Crime e a peculiaridade da ação dos criminosos, a fim de identificar comportamentos de segurança cabíveis para as mais variadas situações. É importante posicionar todos os profissionais que atuam no ambiente escolar sobre os direitos e deveres de crianças e adolescentes.

O bullying é um problema que pode afetar gravemente a vida escolar dos estudantes. Por isso, é necessário conhecer as possíveis soluções a serem adotadas diante desse tipo de situação e seus efeitos no ambiente escolar. É preciso também identificar casos de assédio moral e sexual, demonstrando a importância de se ter coragem para encaminhá-los e do acolhimento/proteção da vítima.

Outro tema importante a ser abordado é o comportamento de atiradores ativos e o que pode desencadear um comportamento violento. É fundamental auxiliar os profissionais de educação a lidar com situações de insegurança verificadas pela comunidade escolar e por policiais que vêm ocorrendo com frequência após a pandemia.

Por fim, é essencial capacitar os profissionais de educação em técnicas básicas de primeiros socorros, para que possam dar a primeira resposta em caso de acidentes ou de mal súbito. É preciso reconhecer os tipos de hemorragias que oferecem risco à vida, bem como as técnicas de contenção. Também é importante compreender de que forma se dá o trabalho da rede de proteção desde a entrada de informações até o encaminhamento para inclusão na rede.

Em resumo, a escola deve estar preparada para lidar com diversas situações que envolvem a segurança e o bem-estar da comunidade escolar. É necessário conhecer as possíveis soluções a serem adotadas diante de situações de indisciplina e atos infracionais, bem como promover a resolução pacífica de conflitos e incentivar comportamentos de segurança cabíveis para as mais variadas situações. Além disso, é importante capacitar os profissionais de educação em técnicas básicas de primeiros socorros e compreender a rede de proteção em caso de necessidade de encaminhamento para inclusão na rede.

ORIENTAÇOES TÉCNICAS EM AMBIENTE ESCOLAR

Identificação Pontos Sensíveis

Para que possamos continuar na identificação de pontos sensíveis e preciso primeiro ter me mente o que procuramos para depois combater, então posso afirmar que primeiro quero evitar o crime e para tanto e necessário saber como o crime acontece. Logo temos que ter o conceito de triangulo do crime.

O **Triângulo do Crime** é uma teoria que ajuda a compreender como os criminosos podem agir e cometer delitos. Essa teoria é representada por um triângulo equilátero, onde cada um dos lados representa um elemento que pode motivar uma pessoa a cometer um crime. Esses elementos são: Oportunidade, Motivação e Justificativa.

A **Oportunidade** é o primeiro elemento do triângulo. Ela representa a condição favorável que um indivíduo encontra para cometer um crime. Essa condição pode ser uma porta aberta, a falta de segurança em um estabelecimento ou qualquer outro fator que possibilite a prática do delito.

O segundo elemento é a **Motivação**. Ela representa o motivo que leva o indivíduo a cometer o crime. Essa motivação pode ser de diversas naturezas, como a busca por dinheiro, poder, vingança ou até mesmo questões psicológicas.

Por fim, temos a **Justificativa ou conhecimento**. Esse elemento representa a forma como o criminoso se justifica para si mesmo ou para outras pessoas o motivo de ter cometido o crime. Ele pode usar desculpas como "foi um acidente" ou "era necessário para minha sobrevivência" para justificar sua ação.

FONTE: RIBEIRO, Denison, 2023

O Triângulo do Crime é útil para compreender o comportamento criminoso e auxiliar na prevenção de crimes. Ao identificar e eliminar um dos elementos do triângulo, é possível diminuir a probabilidade de um delito ocorrer. Por exemplo, aumentar a segurança em um estabelecimento pode reduzir a oportunidade de um crime ocorrer. Além disso, ao entender as motivações e justificativas dos criminosos, é possível criar estratégias para evitar que esses fatores motivem a prática de delitos. Por tanto algumas perguntas devem ser respondidas:

- O que eu posso fazer para melhorar as condições de segurança da escola em que trabalho?
- Que medidas podem ser tomadas para reduzir a possibilidade de vitimização em crimes, no meu local de trabalho?
- Como é feito o controle de acesso à escola?
- Como é realizado o acesso à Secretaria?

- Existe acompanhamento de visitantes no interior da Escola?
- A escola é utilizada pela Comunidade em outros períodos além dos das aulas? Como é feito o controle de acesso à escola nesses períodos?
- Como é realizado monitoramento de circulação interna? Existem câmeras, alarmes, a manutenção está em dia?
- As equipes pedagógica, diretiva e administrativa estão mobilizadas para buscar alternativas possíveis à melhoria da segurança na escola, adequadas á realidade?
- As questões de fragilidades na segurança física da escola são prioridades nas discussões do Conselho Escolar?

Como está a Conservação do prédio, iluminação, arborização interna, ajardinamento, cantina, estacionamento?

Realizar o levantamento das instalações físicas das escolas e comunidades do entorno, relacionando características de infraestrutura e a dinâmica das relações comunitárias, com aspectos preventivos de segurança.

Avaliar as condições de Segurança, e identificar pontos sensíveis (vulnerabilidades) nos seguintes ambientes:

ÁREA INTERNA: controle de acesso à escola, câmeras, alarmes, animais, bolsão de acesso, secretaria, segurança particular, inspetor de pátio, vulnerabilidades, arborização interna, iluminação, ajardinamento, cantina, estacionamento, conservação do prédio, utilização da escola pela comunidade, horários de intervalos.

ÁREA EXTERNA: contenção, trânsito, vizinhos, iluminação pública, arborização das vias, identificação de focos de insegurança no entorno da escola.

COMUNIDADE DO ENTORNO: "Identificação dos Focos de Insegurança no Entorno da Escola" - Estabelecimentos e locais diversos existentes nas proximidades da escola que ofereçam alguma forma vulnerabilidade à comunidade escolar. Ex: Bares, lanchonetes, lan-houses, praças, bosques, terrenos baldios, edificações abandonadas.

Professores

A prevenção da violência nas escolas é uma responsabilidade compartilhada por todos os membros da comunidade escolar, incluindo professores, funcionários, pais e alunos. Uma das formas mais eficazes de prevenir a violência é através do estabelecimento de expectativas claras e responsáveis para todos os envolvidos.

Os professores e funcionários da escola desempenham um papel importante no estabelecimento de expectativas para os alunos. Isso envolve esperar que os alunos demonstrem respeito pelos outros, responsabilidade por suas ações e esforcem-se ao máximo em suas atividades acadêmicas e extracurriculares. Essas expectativas devem ser claramente comunicadas aos alunos e devem ser reforçadas de maneira consistente por todos os membros da comunidade escolar.

Além disso, a colaboração entre os pais e a escola é fundamental na prevenção da violência. Os pais devem estar envolvidos na definição dessas expectativas e em ajudar a criar um ambiente escolar positivo e seguro para seus filhos. Os pais também podem ser parceiros importantes na identificação de problemas de comportamento e no apoio à prevenção da violência.

No entanto, é importante que as expectativas sejam culturalmente responsivas, reconhecendo as diferenças culturais e individuais entre os alunos. As expectativas devem ser adaptadas para atender às necessidades dos alunos de diferentes origens étnicas, socioeconômicas e culturais, para garantir que todos os alunos se sintam incluídos e valorizados.

Ao estabelecer expectativas claras e responsáveis, as escolas podem ajudar a criar um ambiente seguro e positivo para seus alunos. Essas expectativas devem ser apoiadas por políticas e práticas escolares que incentivem a responsabilidade pessoal e o respeito mútuo. Com o envolvimento ativo dos pais e alunos, a prevenção da violência pode ser uma realidade alcançável nas escolas.

Conflito escolar

O conflito escolar pode ser definido como qualquer tipo de desentendimento, divergência ou confronto que ocorre entre indivíduos ou grupos dentro de um ambiente escolar. Esse conflito pode envolver alunos, professores, pais e funcionários da escola, e pode surgir por diversos motivos, como diferenças culturais, divergências políticas, problemas de disciplina, bullying, entre outros.

O conflito escolar pode ser classificado em diferentes tipos, desde conflitos interpessoais, como brigas entre alunos, até conflitos organizacionais, como disputas entre diferentes setores da escola. É importante lidar com esses conflitos de forma adequada para evitar consequências negativas, como a violência, evasão escolar, queda no desempenho acadêmico, entre outras.

Compreender que a escola e um palco de uma diversidade de conflitos e reconhecer a resolução pacífica de conflitos enquanto ferramenta pedagógica de promoção de uma cultura de paz e prevenção da violência em ambiente escolar e importante para todos os envolvidos.

acadêmico, entre outras.

Existem diferentes tipos de conflito escolar, alguns dos quais incluem:

- Conflito interpessoal: ocorre entre duas ou mais pessoas, como brigas entre alunos, conflitos entre aluno e professor, entre outros.

- Conflito organizacional: ocorre entre diferentes grupos ou departamentos dentro da escola, como disputas entre a administração e o corpo docente, conflitos entre a equipe pedagógica e a equipe administrativa, entre outros.

- Conflito cultural: ocorre devido às diferenças culturais entre os alunos, professores e outros membros da comunidade escolar.

- Conflito de valores: ocorre quando há diferenças nas crenças e valores dos indivíduos envolvidos no ambiente escolar.
- Conflito de gênero: ocorre quando há diferenças na forma como meninos e meninas são tratados ou percebidos na escola.
- Conflito de poder: ocorre quando há disputa de poder ou autoridade entre diferentes indivíduos ou grupos dentro da escola.
- Conflito de bullying: ocorre quando um ou mais alunos são alvos de comportamentos intimidatórios ou agressivos por parte de outros alunos.
- Conflito político: ocorre quando há diferenças de opinião em relação a questões políticas dentro da escola.

Gerenciar positivamente os conflitos escolares aplicando técnicas de comunicação. Existem diversas técnicas de comunicação que podem ser utilizadas para resolver conflitos de forma eficaz e construtiva. Algumas delas incluem:

1. Escuta ativa: significa ouvir com atenção e demonstrar interesse no ponto de vista do outro. É importante evitar interrupções e não julgar o outro antes de entender completamente o seu ponto de vista.

2. Feedback construtivo: é importante dar feedback construtivo, ou seja, fornecer comentários objetivos e específicos sobre o comportamento ou ação do outro, em vez de fazer críticas pessoais ou generalizações.

3. Negociação: a negociação envolve encontrar um ponto em comum que seja aceitável para todas as partes envolvidas. Isso requer a disposição de ceder em alguns pontos para alcançar um acordo mutuamente benéfico.

4. Comunicação assertiva: a comunicação assertiva envolve expressar opiniões e sentimentos de forma clara e respeitosa, sem ser agressivo ou passivo.

5. Resolução de problemas em grupo: esta técnica envolve reunir todas as partes envolvidas para identificar o problema e buscar soluções em conjunto.

6. Compreensão mútua: é importante que todas as partes envolvidas no conflito entendam o ponto de vista do outro e as suas necessidades e desejos.

7. Linguagem positiva: utilizar linguagem positiva e construtiva ajuda a criar um ambiente mais colaborativo e a evitar conflitos desnecessários.

8. Controle emocional: é importante manter o controle emocional durante a comunicação e evitar reações impulsivas ou agressivas que possam agravar o conflito.

Utilizar essas técnicas de comunicação pode ajudar a resolver conflitos de forma pacífica e construtiva, promovendo um ambiente escolar mais harmonioso e saudável.

Curso de Segurança Escolar

O curso de Segurança Escolar e um curso oferecido gratuitamente pela escola de governo do Estado do Paraná através do link https://www.ead.pr.gov.br/login/index.php e tem por objetivo Geral: Reconhecer os principais temas relacionados à segurança escolar e as ações que competem ao profissional que atua na escola, bem como àquelas que fazem parte do escopo do Batalhão de Policiamento Escolar Comunitário para que, desta forma, seja possível compreender onde, quando e como se dá o trabalho do BPEC junto à comunidade escolar.

Objetivo do curso Específico:

- Conhecer as possíveis soluções a serem adotadas diante de situações de indisciplina e atos infracionais que podem ocorrer em uma escola.
- Conhecer os principais fundamentos para resolução pacífica de conflitos e incentivar sua prática no ambiente *escolar*.

- Compreender a atribuição das instituições integrantes do Sistema Nacional de Segurança, especialmente da Polícia Militar com ênfase no Batalhão de Patrulha Escolar Comunitária.
- Conhecer a Teoria do Triângulo do Crime e a peculiaridade da ação dos criminosos.
- Compreender comportamentos de segurança cabíveis para as mais variadas situações.
- Posicionar todos os profissionais que atuam no ambiente escolar sobre direitos e deveres de crianças e adolescentes.
- Conhecer as possíveis soluções a serem adotadas diante de situações de bullying e seus efeitos no ambiente escolar.
- Identificar casos de assédio moral e sexual, demonstrando a importância de se ter coragem para encaminhá-los e do acolhimento/proteção da vítima.
- Compreender o que define um atirador ativo e o que pode desencadear um comportamento violento.

- Auxiliar os profissionais de educação a lidar com situações de insegurança verificadas pela comunidade escolar e por policiais da PEC que vêm ocorrendo com frequência após a pandemia.
- Capacitar profissionais de educação em técnicas básicas de primeiros socorros, para que possam dar a primeira resposta em caso de acidentes ou de mal súbito.
- Reconhecer os tipos de hemorragias que oferecem risco à vida, bem como as técnicas de contenção.
- Compreender de que forma se dá o trabalho da rede de proteção desde a entrada de informações até o encaminhamento para inclusão na rede.

Rede de Proteção

A escola e os profissionais da educação são atores importantes na prevenção e resposta à violência, conforme previsto no sistema de garantia do direito da criança vitima ou testemunha de violência.

SITUAÇÕES DE VIOLÊNCIAS Uma realidade que, muitas vezes, passa despercebida. No site https://visaomundial.org.br. Podemos encontrar a **Visão Mundial** que é a maior organização não-governamental cristã internacional, trabalhando em 100 países em todo o mundo. No Brasil desde 1975, a Visão Mundial atua com foco nas crianças e adolescentes em situação de maior vulnerabilidade, buscando a erradicação da violência e uma vida mais digna, em abundância, para os meninos e meninas. Dados da pesquisa nacional de saúde escolar (PeNSE-IBGE 2019) relativos a características de segurança de estudantes entre 13 e 17 anos encontrado nos artigos da Visão Mundial mostram que:

- 23 % dos estudantes informaram ter sido vítimas de violências.
- 14,6% dos adolescentes, alguma vez na vida e contra a sua vontade, foram tocados, manipulados, beijados ou passaram por situações de exposição de partes do corpo.
- No caso das meninas, o percentual (20,1%) é mais que o dobro do observado entre os meninos (9%).
- 21% dos estudantes afirmaram ter sido agredidos por pai, mãe ou responsável alguma vez nos 12 meses anteriores ao estudo.

Ainda sobre **Visão Mundial** tem como um de seus projetos "As Comissões de Proteção na Escola" que são uma verdadeira rede de proteção à infância e juventude para a garantia de direitos da criança e do adolescente . Mais de 4 milhões de crianças e adolescentes são beneficiados com as atividades das Comissões de Proteção na Escola em cinco estados brasileiros. Reunimos mais de 14 mil homens e mulheres nesse projeto, de educadores e pais a profissionais e voluntários, com a missão de se dedicar à proteção da infância e juventude no entorno da comunidade escolar.

37

ALUNO

Os alunos desempenham um papel fundamental na prevenção de crimes nas escolas. Eles são os principais agentes na criação de uma cultura de segurança e prevenção, trabalhando em conjunto com professores, administradores e outros membros da comunidade escolar. Os alunos podem ser os primeiros a identificar comportamentos problemáticos ou ameaçadores em seus colegas e podem ajudar a prevenir a ocorrência de crimes graves.

Além disso, os alunos também podem contribuir para a prevenção de crimes através do desenvolvimento de suas habilidades sociais e emocionais, incluindo a capacidade de lidar com conflitos e de respeitar as diferenças culturais e individuais. Ao promover a empatia e a compaixão, os alunos podem ajudar a criar um ambiente escolar mais acolhedor e inclusivo, onde a violência e o bullying são menos prováveis de ocorrer.

Os alunos também podem contribuir para a prevenção de crimes através da participação em programas de prevenção, tais como clubes anti-bullying, programas de resolução de conflitos ou grupos de liderança estudantil. Esses programas podem ajudar a aumentar a conscientização sobre questões de segurança e prevenção de crimes e fornecer aos alunos as habilidades necessárias para lidar com problemas que possam surgir em seu ambiente escolar.

Por fim, é importante lembrar que os alunos são os principais beneficiários da prevenção de crimes nas escolas. Ao trabalhar para criar um ambiente escolar seguro e positivo, os alunos podem se sentir mais seguros e confiantes em sua capacidade de aprender e se desenvolver plenamente. A prevenção de crimes também pode ajudar a reduzir a suspensão e a expulsão, permitindo que mais alunos permaneçam na escola e obtenham a educação que precisam para alcançar seus objetivos de vida.

O Estatuto da Criança e do Adolescente (ECA)

O Estatuto da Criança e do Adolescente (ECA) é uma lei federal brasileira que foi criada em 1990 e estabelece uma série de direitos e garantias para crianças e adolescentes. O ECA é um importante instrumento de proteção e promoção dos direitos da infância e adolescência, e é considerado um marco legal para a defesa desses direitos. Entre os principais direitos garantidos pelo ECA estão:

1. Direito à vida, à saúde, à alimentação, à educação, à cultura, ao lazer, à convivência familiar e comunitária, à liberdade, ao respeito e à dignidade.

2. Direito à proteção contra qualquer forma de violência, negligência, discriminação, exploração, crueldade e opressão.

3. Direito à convivência familiar e comunitária, salvo em casos excepcionais devidamente fundamentados pela autoridade judiciária.

4. Direito à educação escolar, obrigatória e gratuita, inclusive para aqueles que estão em situação de rua.

5. Direito à proteção contra qualquer forma de trabalho infantil, incluindo a exploração sexual.

6. Direito à proteção integral em caso de conflito com a lei, incluindo a garantia de que a privação de liberdade seja a última medida a ser aplicada.

7. Direito à participação em espaços de decisão e formulação de políticas públicas voltadas para a infância e adolescência.

8. Direito à garantia de que todas as medidas tomadas em relação a crianças e adolescentes sejam pautadas pelo princípio do superior interesse da criança.

O ECA é um importante instrumento legal que busca garantir a proteção integral de crianças e adolescentes em todas as esferas da sociedade. É fundamental que todos os profissionais que atuam na área da infância e adolescência estejam familiarizados com o ECA e trabalhem para sua efetivação. Além disso, é importante que a sociedade como um todo esteja comprometida com a proteção dos direitos da infância e adolescência, para que todas as crianças e adolescentes possam crescer de forma saudável e segura. Vejamos os primeiros artigos dessa Lei:

Art. 2º Considera-se criança, para os efeitos desta Lei, a pessoa até doze anos de idade incompletos, e adolescente aquela entre doze e dezoito anos de idade. Parágrafo único. Nos casos expressos em lei, aplica-se excepcionalmente, este Estatuto às pessoas entre dezoito e vinte e um anos de idade.

Art. 3º A criança e o adolescente gozam de todos os direitos fundamentais inerentes à pessoa humana, sem prejuízo da proteção integral de que trata esta Lei, assegurando-lhes, por lei ou por outros meios, todas as oportunidades e facilidades, a fim de lhes facultar o desenvolvimento físico, mental, moral, espiritual e social, em condições de liberdade e dignidade.

Art. 4º É dever da família, da comunidade, da sociedade em geral e do poder público assegurar, com absoluta prioridade, a efetivação dos direitos referentes à vida, à saúde, à alimentação, à educação, ao esporte, ao lazer, à profissionalização, à cultura, à dignidade, ao respeito, à liberdade e à convivência familiar e comunitária.

Parágrafo único. A garantia de prioridade compreende:

a) primazia em receber proteção e socorro em quaisquer circunstâncias;

b) precedência de atendimento nos serviços públicos ou de relevância pública;

c) preferência na formulação e na execução das políticas sociais públicas;

d) destinação privilegiada de recursos públicos nas áreas relacionadas com a proteção à infância e à juventude.

Bullying

O bullying é uma forma de violência que pode ocorrer nas escolas. Autores como Lopes e Saavedra (2003) e Fante (2005) definem o bullying como um conjunto de comportamentos agressivos, intencionais e repetitivos, adotados por um ou mais alunos contra outro ou outros alunos em desvantagem de poder ou força física, sem motivação evidente, sob a forma de "brincadeiras" que disfarçam o propósito de maltratar e intimidar, causando dor, angústia e sofrimento. O bullying pode se manifestar de várias maneiras, incluindo insultos, intimidação, exclusão social, agressão física e ameaças. Pode ocorrer tanto dentro como fora da sala de aula e pode ser direcionado a qualquer aluno, independentemente de idade, gênero, raça ou orientação sexual.

As consequências do bullying podem ser graves e duradouras para as vítimas. Isso pode levar a problemas emocionais, como ansiedade, depressão, baixa autoestima e até mesmo ao suicídio. Além disso, o bullying pode ter um impacto negativo no desempenho acadêmico e na participação dos alunos na escola.

A prevenção do bullying é essencial para criar um ambiente escolar seguro e acolhedor para todos os alunos. Isso pode incluir a implementação de programas de prevenção do bullying, a promoção de uma cultura escolar positiva e a criação de políticas claras de tolerância zero para o bullying. Os professores e funcionários da escola também podem desempenhar um papel importante na prevenção do bullying, monitorando o comportamento dos alunos e intervindo quando necessário.

Alguns exemplos de comportamentos que podem ser considerados bullying incluem:

- Insultar ou humilhar um colega de classe regularmente, seja pessoalmente ou através de mensagens de texto, redes sociais ou outras formas de comunicação eletrônica.

- Isolar um aluno, excluindo-o das atividades escolares ou sociais, ou propagar fofocas e boatos sobre ele.
- Fazer piadas ou comentários mal-intencionados sobre a aparência física, habilidades acadêmicas ou interesses de um colega.
- Agredir fisicamente um colega, como bater, chutar ou empurrar.
- Ameaçar um colega com violência ou fazer chantagem emocional para controlar seu comportamento.

É importante destacar que o bullying não é apenas um problema entre crianças ou adolescentes. Os adultos também podem ser vítimas de bullying em ambientes de trabalho, por exemplo. É importante estar ciente desses comportamentos e trabalhar juntos para criar um ambiente seguro e acolhedor para todos.

Em resumo, o bullying é uma forma de violência que pode ocorrer nas escolas e pode ter consequências graves para as vítimas. A prevenção do bullying é essencial para criar um ambiente escolar seguro e acolhedor para todos os alunos.

ESTRATEGIAS DE PREVENÇÃO QUANTO AO ALUNO

Estratégias primárias

As estratégias primárias são abordagens de intervenção que visam prevenir problemas comportamentais e promover comportamentos positivos antes que esses problemas surjam. Uma das principais estratégias primárias é o treinamento de habilidades, que enfoca a maioria dos alunos de uma população escolar que não apresentam problemas sérios de comportamento.

O treinamento de habilidades é uma técnica de ensino sistemática que visa desenvolver habilidades sociais, emocionais e cognitivas em crianças e jovens. Essas habilidades podem incluir comunicação eficaz, resolução de conflitos, gerenciamento de emoções, tomada de decisões e pensamento crítico. Ao aprender essas habilidades, os alunos são capazes de lidar melhor com as demandas da escola, em casa e em suas vidas pessoais.

As estratégias de treinamento de habilidades podem ser implementadas em vários contextos educacionais, como sala de aula, grupos de aconselhamento e clubes extracurriculares. Essas estratégias podem incluir role-playing, modelagem, feedback positivo, reforço e discussões em grupo. Os alunos aprendem por meio da prática, da observação e do feedback, e as habilidades que eles desenvolvem são geralmente aplicáveis a uma variedade de situações.

É importante notar que, embora o treinamento de habilidades seja uma estratégia primária, isso não significa que ela deva ser reservada apenas para alunos sem problemas sérios de comportamento. De fato, muitas vezes é mais eficaz implementar essas estratégias em toda a população escolar, incluindo alunos com comportamentos desafiadores. Isso pode ajudar a promover um ambiente mais positivo e de apoio para todos os alunos, e fornecer uma base para outras intervenções comportamentais mais intensivas, se necessário.

Além disso, o treinamento de habilidades pode ser incorporado como uma parte essencial do currículo escolar, em vez de ser visto como uma intervenção ad hoc. Por exemplo, as habilidades sociais e emocionais podem ser incorporadas em aulas de literatura ou história, onde os alunos aprendem sobre personagens e eventos que exigem empatia e resolução de conflitos.

Ao treinar habilidades sociais e emocionais, os alunos são capazes de lidar com as pressões e desafios da vida cotidiana de uma maneira saudável e positiva. Isso, por sua vez, pode levar a uma melhora no desempenho acadêmico, bem como na satisfação geral do aluno com a escola e com a vida em geral. Além disso, o treinamento de habilidades pode ajudar a prevenir problemas comportamentais antes que eles se tornem graves, reduzindo a necessidade de intervenções mais intensivas e dispendiosas no futuro.

Em resumo, o treinamento de habilidades é uma estratégia primária eficaz que pode ser implementada em toda a população escolar para promover habilidades sociais e emocionais saudáveis e positivas. Incorporar habilidades sociais e emocionais no currículo escolar pode ajudar os alunos a lidar com as pressões e desafios da vida cotidiana e prevenir problemas comportamentais antes que eles se tornem graves.

Estratégias secundária

As estratégias de intervenção secundária são abordagens de intervenção que visam atender alunos com risco de desenvolver problemas de comportamento ainda no início, antes que esses problemas se tornem mais graves e persistentes. Uma das principais estratégias de intervenção secundária é o programa de orientação.

Os programas de orientação são projetados para fornecer apoio emocional, social e acadêmico a alunos que estão enfrentando dificuldades em sua vida escolar. Esses programas são implementados geralmente em escolas e são conduzidos por orientadores escolares ou conselheiros. O objetivo desses programas é identificar os alunos em risco e fornecer-lhes as habilidades, conhecimentos e recursos necessários para lidar com seus problemas de forma positiva.

Os programas de orientação podem abranger uma ampla gama de áreas, incluindo habilidades sociais, resolução de conflitos, gerenciamento de emoções, habilidades de estudo, planejamento de carreira, educação sexual, uso de drogas e álcool, entre outras. Esses programas podem ser oferecidos em grupo ou em sessões individuais, dependendo das necessidades específicas dos alunos.

Os programas de orientação são mais eficazes quando são personalizados para atender às necessidades dos alunos e quando são implementados precocemente. Alunos que estão enfrentando dificuldades acadêmicas ou sociais, tais como bullying, ansiedade, depressão ou problemas familiares, podem se beneficiar dos programas de orientação. Ao oferecer apoio e recursos, esses programas podem ajudar os alunos a lidar com seus problemas de forma saudável e a ter sucesso na escola e na vida.

Os programas de orientação podem ser uma estratégia de intervenção secundária eficaz, pois ajudam a identificar os alunos em risco e fornecem-lhes o apoio necessário para evitar que os problemas de comportamento se tornem mais graves. Além disso, esses programas podem melhorar a qualidade de vida dos alunos, ajudando-os a lidar com problemas que afetam sua saúde mental, emocional e física.

Estratégias terciárias

As estratégias terciárias são direcionadas a alunos que possuem problemas comportamentais e/ou acadêmicos intensos e crônicos, ou seja, que já apresentam comportamentos problemáticos e que, muitas vezes, já foram alvo de intervenções terciárias sem sucesso.

Uma intervenção terciária eficaz na diminuição de comportamentos indesejáveis dos estudantes é baseada em avaliações funcionais altamente individualizadas. Essas avaliações visam as razões pelas quais os comportamentos problemáticos ocorrem, em vez de se concentrar apenas em procedimentos redutivos que impedem a ocorrência de problemas de comportamento.

Dessa forma, os professores determinam o que está motivando o aluno a se comportar de maneira insegura ou indesejável, identificando as funções do comportamento. As funções do comportamento são as razões pelas quais os alunos se comportam de determinada maneira, como por exemplo, para chamar a atenção, para escapar de uma situação aversiva, para obter algo que desejam, entre outras.

Com base nas informações obtidas por meio da avaliação funcional, os professores podem desenvolver um plano individualizado para atender às necessidades do aluno. Esse plano deve incluir estratégias específicas que visam ensinar novas habilidades para o aluno, que possam substituir os comportamentos problemáticos.

Por exemplo, se um aluno apresenta comportamentos agressivos quando está em situações de conflito com outros alunos, o professor pode identificar que o comportamento agressivo tem a função de obter a atenção dos colegas. Nesse caso, o plano individualizado pode incluir o ensino de habilidades sociais para o aluno, de forma que ele aprenda a resolver conflitos de forma mais adequada e sem recorrer à agressão.

Dessa forma, as intervenções terciárias baseadas em avaliações funcionais altamente individualizadas podem ser eficazes na redução de comportamentos indesejáveis dos estudantes, ao identificar as funções do comportamento e ensinar novas habilidades para substituir esses comportamentos. Isso contribui para o desenvolvimento social e acadêmico dos alunos e para a melhoria do clima escolar.

ATAQUES EM AMBIENTES PÚBLICOS

Fonte: Veja

O evento ou situação crítica envolvendo agressor ativo é uma situação alarmante e potencialmente perigosa que pode ocorrer em diversos ambientes, incluindo escolas, locais de trabalho, espaços públicos e outros locais. O agressor ativo é alguém que está empenhado em causar danos a outras pessoas, muitas vezes usando armas de fogo ou outras armas letais.

Um dos casos mais emblemáticos ocorreu em 1999, na escola de Columbine, nos Estados Unidos, quando dois alunos realizaram um ataque a tiros que mataram 12 alunos e um professor. Eles também feriram outras 21 pessoas, e mais outras três ficaram feridas enquanto tentavam fugir da escola deixou. Esse evento chocou o mundo e fez com que a segurança em ambientes escolares se tornasse uma pauta global. A sensação de medo e insegurança que essa situação gera é compreensível, pois a imprevisibilidade e o grau de risco elevado tornam difícil saber como se proteger e responder de maneira eficaz. Em especial, o ambiente escolar pode ser particularmente vulnerável, pois muitos estudantes e professores estão reunidos em um espaço limitado e muitas vezes desprotegidos.

Para mitigar os danos e minimizar os riscos associados a esse tipo de situação crítica, é essencial que as escolas e outras instituições estabeleçam protocolos de ações eficazes. Esses protocolos devem incluir medidas para prevenir a ocorrência de tais eventos, bem como ações a serem tomadas em caso de um agressor ativo se tornar uma ameaça. Algumas ações que as escolas podem tomar para prevenir a ocorrência de eventos envolvendo agressores ativos incluem a realização de treinamentos de segurança, a implementação de medidas de segurança física, como o controle de acesso e a instalação de câmeras de segurança, e a criação de um ambiente escolar que incentive a comunicação e o respeito mútuo.

No entanto, mesmo com as medidas preventivas adequadas, pode haver situações em que um agressor ativo se torne uma ameaça. Nesses casos, as escolas devem ter protocolos de ação claros e eficazes para garantir a segurança de seus alunos e funcionários. Esses protocolos podem incluir medidas como o bloqueio de portas e janelas, a evacuação segura de alunos e funcionários, a criação de zonas de segurança seguras, a coordenação com as forças policiais locais e a utilização de técnicas de autodefesa para neutralizar o agressor, se necessário.

A prevenção e a resposta a eventos envolvendo agressores ativos exigem um planejamento cuidadoso e uma coordenação eficaz entre as instituições e as forças policiais locais. Com protocolos claros e eficazes, é possível minimizar os riscos associados a essas situações críticas e garantir a segurança de todos os envolvidos.

Os protocolos de ação incluem medidas como a evacuação rápida do ambiente, o bloqueio de portas e janelas, o treinamento de funcionários e alunos para lidar com a situação e a criação de sistemas de alerta para avisar as autoridades sobre a ocorrência do evento.

Além disso, é importante lembrar que a segurança em ambientes escolares não depende apenas da atuação das forças policiais. A prevenção é fundamental e deve incluir medidas como a identificação de alunos em situação de risco, o monitoramento de comportamentos suspeitos e a promoção de um ambiente de convivência saudável e respeitoso.

Em resumo, a ocorrência de eventos críticos envolvendo agressores ativos tem gerado uma sensação de medo e insegurança em ambientes variados, especialmente em ambientes escolares. A implementação de protocolos de ação é fundamental para mitigar os danos, mas a prevenção também é essencial para garantir a segurança da população.

Estudos Recentes

O artigo ATAQUES ATIVOS: ANÁLISE DO FENÔMENO E PROPOSTAS DE ATUAÇÃO EM AMPLO ESPECTRO escrito por Valmor Saraiva Racorti e Adriano Enrico Ratti de Andrade fala o seguinte: *Dos diversos órgãos que propunham novos protocolos de resposta se destaca o Advanced Law Enforcement Rapid Response Training (ALERRT) que está sediado na Universidade do Estado do Texas, e foi criado em 2002 para atender a necessidade de treinamento de policiais para resposta a eventos de atirador ativo. Em 2013, o ALERRT foi nomeado o padrão nacional de treinamento para atirador ativo pelo FBI, que, em conjunto, passaram a cuidadosamente estudar os incidentes de Ataques Ativos domésticos e estrangeiros à medida em que ocorrem, a fim de incorporar as lições aprendidas de cada ataque* (pode ser encontrado em https://velhogeneral.com.br)

O artigo é um estudo de 7 de abril de 2023 que fez a analise do fenômeno dos ataques ativos, também conhecidos como tiroteios em massa, que têm se tornado cada vez mais comuns em diversos países.

Valmor e Adriano observam que os ataques ativos não são um fenômeno novo, mas que têm se tornado mais frequentes e mais letais nas últimas décadas. Eles afirmam que esses ataques são caracterizados pela ação de um indivíduo ou grupo que utiliza armas de fogo para atacar pessoas em locais públicos, como escolas, igrejas, shoppings e outros espaços.

Os autores fazem uma análise detalhada dos principais fatores que levam à ocorrência de ataques ativos, como questões psicológicas, sociais e culturais. Eles destacam que muitos dos atiradores apresentam problemas de saúde mental, mas que isso não é suficiente para explicar o fenômeno. Também apontam que a disponibilidade de armas de fogo, a cultura da violência e o sentimento de isolamento social e frustração podem contribuir para o surgimento desses ataques.

Diante desse cenário, os autores propõem uma série de medidas para prevenir e combater os ataques ativos. Entre as propostas estão a melhoria na identificação e tratamento de problemas de saúde mental, a promoção de políticas de controle de armas de fogo, o treinamento de profissionais de segurança e a criação de planos de contingência para lidar com essas situações.

Os autores destacam que é necessário adotar uma abordagem multidisciplinar para lidar com o fenômeno dos ataques ativos, envolvendo não apenas autoridades de segurança pública, mas também profissionais de saúde mental, educadores e membros da sociedade civil. Eles afirmam que é preciso buscar soluções que abordem as causas mais profundas do problema, e que isso só pode ser alcançado por meio de uma ação integrada e coordenada de todos os envolvidos.

Fonte:Globonews

O artigo "Massacre de Suzano: Análise do Discurso da Folha de São Paulo sobre os Atiradores" escrito por DEBORAH COELHO MABILDE que examinou algumas reportagens publicadas pela Folha de São Paulo sobre o caso e realizaram uma análise do discurso presente nessas matérias. Ela observou que a cobertura jornalística foi pautada pela busca de explicações simplistas e superficiais para o ocorrido, como a suposta influência de jogos violentos e a "falta de Deus" por parte dos atiradores.

Esta pesquisa tem como objetivo geral analisar o discurso jornalístico da Folha de São Paulo sobre os atiradores do acontecimento Massacre de Suzano, buscando encontrar quais os sentidos construídos sobre esses sujeitos. Os objetivos específicos são 1) mapear os sentidos produzidos pelo discurso sobre os responsáveis pelo crime e 2) problematizar os sentidos identificados e observar se as percepções encontradas contemplam a complexidade desses sujeitos. Para realizar esses objetivos, selecionamos um corpus de 27 textos publicados no site da Folha de São Paulo entre os dias 13 e 18 de março de 2019 para análise. Para contextualizar o acontecimento, apresentamos o conceito de school shootings (tiroteios em escolas), que tem origem nos Estados Unidos e foi popularizado pelo Massacre de Columbine, em 1999. Em seguida, trazemos uma reconstrução cronológica do acontecimento em Suzano. Como base teórica, discutimos a influência da notoriedade midiática no efeito de contágio entre massacres, o papel do jornalismo como instituição social, o discurso jornalístico, a alteridade no jornalismo e a construção social dos acontecimentos. Para a base metodológica, utilizamos a Análise do Discurso (AD) para investigar o corpus e identificar os sentidos produzidos pelo discurso da Folha de São Paulo. Encontramos cinco principais Formações Discursivas (FDs) que constroem os atiradores como Violentos, Frios e Calculistas, Vítimas, Influenciados e Famosos. (pode ser encontrado em https://lume.ufrgs.br)

O artigo destaca a importância de uma cobertura jornalística que leve em consideração o impacto que as notícias podem ter sobre a sociedade e as pessoas envolvidas no caso. Ela observa que uma cobertura sensacionalista e estigmatizante pode contribuir para a disseminação de um clima de medo e insegurança, além de afetar negativamente a imagem dos envolvidos.

Além disso, a pesquisadora observar que a Folha de São Paulo utilizou uma linguagem sensacionalista e estigmatizante para se referir aos atiradores, retratando-os como "monstros" e "psicopatas". Essa abordagem, segundo os autores do artigo, contribui para a construção de uma narrativa que desumaniza os atiradores e os coloca como "outros" em relação à sociedade.

Por fim, a pesquisadora sugere que a cobertura jornalística do massacre de Suzano pode ser vista como um reflexo das contradições presentes na sociedade brasileira, que muitas vezes recorre a explicações simplistas e estereotipadas para lidar com a violência e a criminalidade. DEBORAH afirmam que é preciso buscar uma compreensão mais profunda dos fatores que levam à violência, e que isso só pode ser alcançado por meio de uma abordagem mais crítica e reflexiva por parte da mídia e da sociedade como um todo.

Em meu livro A MARCHA DO GIGANTE construa novos hábitos destravando sua mente com seus pensamentos. Disponível em: amazon.com.br podemos encontrar teorias que dizem que o comportamento gerado pode ter sido de um forte impacto emocional ou de programações mentais ou verbais que diariamente a criança esculta.

AGRESSOR ATIVO

Fonte: Wikipédia.(foto referente ao Massacre de Columbine de 1999)

O Atirador/Agressor Ativo é definido como "um ou mais indivíduos, ativamente engajados em matar ou tentar matar pessoas, em uma área delimitada". Federal Bureau of Investigation (FBI).

Atirador ou agressor ativo é uma pessoa que usa armas de fogo, facas ou outros objetos para atacar e ferir pessoas em um ambiente público. Geralmente, esses ataques são imprevisíveis e ocorrem de forma súbita, o que torna difícil a atuação das forças policiais. Os agressores ativos podem ter diferentes motivações, como vingança, ódio, terrorismo ou doença mental.

Esses ataques geralmente têm como alvo pessoas inocentes e desarmadas, causando pânico e caos no ambiente em que ocorrem. O agressor ativo pode agir sozinho ou em grupo, e sua intenção é causar o máximo de mortes e ferimentos possível. Os ataques de atiradores ativos têm se tornado cada vez mais frequentes em todo o mundo, causando grande preocupação e gerando debates sobre como prevenir e lidar com esses eventos críticos.

Além disso, é importante destacar que a identificação e tratamento de doenças mentais também são fundamentais na prevenção de ataques de atiradores ativos. Infelizmente, há muitos exemplos de casos de agressores ativos que ocorreram em todo o mundo. Alguns dos casos mais conhecidos incluem:

- Massacre de Columbine (1999): dois alunos atiraram e mataram 12 estudantes e um professor na escola de Columbine, nos Estados Unidos.

- Massacre de Virginia Tech (2007): um estudante matou 32 pessoas e feriu outras 17 na Universidade de Virginia Tech, nos Estados Unidos.

- Ataque à boate Pulse (2016): um atirador matou 49 pessoas e feriu outras 53 em uma boate em Orlando, nos Estados Unidos.

- Massacre de Realengo (2011): um ex-aluno entrou em uma escola do Rio de Janeiro, no Brasil, e matou 12 estudantes e feriu outros 11.

- Massacre de Suzano (2019): dois ex-alunos entraram em uma escola em Suzano, no Brasil, e mataram 8 pessoas e feriram outras 11.

- Ataque ao cinema de Aurora (2012): um atirador entrou em um cinema em

Aurora, nos Estados Unidos, e matou 12 pessoas e feriu outras 58 durante uma exibição de um filme.

- Ataque ao shopping Westgate (2013): um grupo de atiradores entrou em um shopping em Nairóbi, no Quênia, e matou 67 pessoas e feriu outras 175.

- Ataque à redação do Charlie Hebdo (2015): dois homens armados invadiram a redação do jornal satírico Charlie Hebdo, em Paris, na França, e mataram 12 pessoas e feriram outras 11.

- Ataque à igreja de Sutherland Springs (2017): um atirador entrou em uma igreja em Sutherland Springs, nos Estados Unidos, e matou 26 pessoas e feriu outras 20.

- Ataque à escola de Parkland (2018): um ex-aluno entrou em uma escola em Parkland, nos Estados Unidos, e matou 17 pessoas e feriu outras 17.

Esses são apenas mais alguns exemplos de casos trágicos envolvendo agressores ativos em diferentes países. Esses eventos enfatizam a necessidade de medidas eficazes de segurança em ambientes públicos e de prevenção de doenças mentais que possam levar a esses ataques.

Características do agressor

Os agressores ativos geralmente apresentam algumas características comuns, embora as motivações individuais possam variar. Algumas dessas características comuns incluem:

- Isolamento social: muitos agressores ativos têm poucos amigos ou conexões sociais significativas. Eles podem se sentir excluídos ou rejeitados pela sociedade em geral.
- Histórico de bullying ou trauma: muitos agressores ativos relataram ter sofrido bullying ou abuso em algum momento

de suas vidas, o que pode ter contribuído para seus comportamentos violentos.

- Interesse em armas e violência
- Necessidade de atenção
- Sentimento de injustiça ou desesperança

Entretanto de acordo com estudos realizados pelo FBI e pelo psicólogo americano Peter Langman, as principais características do agressor ativo são:

1. Isolamento social: O agressor ativo frequentemente se sente isolado socialmente e tem dificuldades em estabelecer relacionamentos significativos com outras pessoas.

2. Necessidade de poder e controle: O agressor ativo tem uma forte necessidade de poder e controle sobre os outros e muitas vezes se sente impotente em sua vida pessoal.

3. Baixa empatia: O agressor ativo tende a ter dificuldade em sentir empatia

pelos outros e em entender seus sentimentos e perspectivas.

4. Depressão e/ou ansiedade: Muitos agressores ativos sofrem de depressão e/ou ansiedade e podem ter dificuldade em lidar com esses problemas.

5. Histórico de violência: Muitos agressores ativos têm um histórico de comportamento violento ou agressivo.

6. Interesse em armas e violência: O agressor ativo muitas vezes tem um interesse obsessivo em armas e em violência em geral.

7. Baixa autoestima: O agressor ativo frequentemente tem uma baixa autoestima e pode usar a violência como uma forma de se sentir mais poderoso ou importante.

É importante ressaltar que nem todos os indivíduos que apresentam essas características se tornam agressores ativos e que a maioria das pessoas com essas características não comete atos violentos. No entanto, essas características podem ser indicadores de um risco aumentado de comportamento violento e devem ser levadas a sério e tratadas com cuidado.

É importante lembrar que essas características não são determinantes e que muitos indivíduos que apresentam essas características nunca se tornam agressores ativos.

Efeito Copycat Effect ou Contágio Social

O "Efeito Copycat" ou "Efeito Imitação" é um fenômeno que ocorre quando a mídia amplifica a cobertura de um crime violento, levando outras pessoas a imitar o comportamento do agressor. Esse efeito é semelhante à teoria do "contágio social", mas está mais focado na imitação do comportamento específico do agressor.

Essa teoria foi vista pela primeira vez como "efeito Werther", em referência ao livro "Os Sofrimentos do Jovem Werther", de Johann Wolfgang von Goethe. Refere-se a um pico de emulações de suicídios depois de um suicídio amplamente divulgado. A teoria sugere que a cobertura sensacionalista da mídia sobre casos de violência e ataques pode inspirar ou influenciar indivíduos vulneráveis a cometerem atos semelhantes.

O termo "copycat" vem da ideia de que os agressores podem estar imitando um comportamento que já foi visto ou conhecido, seja por meio da mídia ou por outros meios. Em muitos casos, os agressores podem querer ser vistos como heróis ou mártires, ou podem estar procurando atenção e reconhecimento.

Por exemplo, se um agressor ativo usa um tipo específico de arma ou usa uma técnica de ataque particular, a cobertura sensacionalista da mídia pode incentivar outras pessoas a imitá-lo. O efeito pode ser amplificado quando há uma série de crimes semelhantes em um curto período de tempo.

Podemos tomar como exemplo o trabalho de ANDRADE, Adriano; RACORTI, Valmor (2023) que mostra os dois gráficos a segui:

Fonte: ANDRADE, Adriano; RACORTI, Valmor (2023)

No período estudado o EUA tiveram 434 incidentes envolvendo atirador ativo com 152 podendo ser considerado homicídio em massa.

Fonte: ANDRADE, Adriano; RACORTI, Valmor (2023)

No mesmo período o Brasil teve 21 casos de agressor ativo dos quais 9 desses ataques são considerados homicídio em massa.

Brasil acumula mais de 260 mil mortes por doenças do coração em 2022 A Sociedade Brasileira de Cardiologia estima que o número chegue a 400 mil (podendo ser encontrado em www.terra.com.br); O total de registros de acidentes nas rodovias federais em 2022 foi de 64.447, sendo que 52.948 deles acabaram com vítimas fatais (podendo ser encontrado em https://cnt.org.br), enquanto que ataques a escolas o Brasil teve 21 casos. Uma demonstração do Pânico que a mídia coloca nos brasileiros.

Para combater o efeito copycat, é importante que a mídia seja responsável e cuidadosa na cobertura de crimes violentos, evitando a glorificação do agressor e não fornecendo detalhes excessivos sobre o crime e o comportamento do agressor, é importante que a que as autoridades tomem cuidado na forma como esses eventos são divulgados, evitando a exposição excessiva e sensacionalista. É necessário que sejam apresentadas informações precisas e objetivas, sem incitar a violência. Além disso, é importante que as autoridades tomem medidas de prevenção e intervenção para identificar indivíduos em risco de cometer atos violentos e fornecer-lhes o tratamento e apoio adequados.

PROTOCOLOS DE SEGURANÇA

Como Valmor Saraiva Racorti e Adriano Enrico Ratti de Andrade relatam *o ALERRT foi nomeado o padrão nacional de treinamento para atirador ativo pelo FBI, que, em conjunto, passaram a cuidadosamente estudar os incidentes de Ataques Ativos domésticos e estrangeiros à medida em que ocorrem, a fim de incorporar as lições aprendidas de cada ataque*

Existem várias medidas que podem ser tomadas para aumentar a chance de sobrevivência em um incidente envolvendo um atirador/agressor ativo. Algumas dessas medidas incluem:

1. Alertar as autoridades: O mais importante é alertar as autoridades imediatamente, assim que tomar conhecimento do incidente. Ligue para a polícia e dê informações precisas sobre a localização do agressor e a natureza do ataque.
2. Evacuar o local: Se possível, evacue o local imediatamente. Siga as rotas de

evacuação e deixe o local em direção a um local seguro, como um prédio próximo ou um local aberto, longe do local do incidente.

3. Se abrigar em um local seguro: Se você não puder evacuar o local, encontre um local seguro para se abrigar. Procure por uma sala com uma porta trancável e bloqueie a porta. Desligue as luzes e silencie os telefones celulares.

4. Manter-se em silêncio: Se você estiver em um local seguro, mantenha-se em silêncio e fique escondido. Não faça barulho ou movimentos desnecessários.

5. Barricar portas e janelas: Se você estiver em uma sala, procure por objetos que possam ser usados para barricar a porta ou janela. Isso pode ajudar a impedir que o agressor entre.

6. Lutar como último recurso: Se o agressor entrar na sala em que você está escondido e você não tiver outra opção, lute com tudo o que tiver à mão. Use objetos como cadeiras ou canetas para se defender.

7. Cooperar com a polícia: Quando a polícia chegar, siga as instruções deles imediatamente. Mantenha as mãos visíveis e evite fazer movimentos bruscos.

Lembre-se de que cada situação é única e pode exigir medidas diferentes para garantir a sua segurança. Mantenha-se calmo e faça o possível para proteger a si mesmo e a outras pessoas ao seu redor.

Agentes e agências de aplicação da lei são frequentemente solicitadas por escolas, empresas e membros da comunidade para orientação e apresentações sobre o que devem fazer se confrontados com um evento de tiro ativo. A resposta civil aos eventos de tiro ativo (CRASE), projetado e construído sobre a estratégia Evitar, Negar, Defender (ADD) desenvolvida pela ALERRT em 2002, fornece estratégias, orientação e um plano comprovado para sobreviver a um evento de tiro ativo. Os tópicos incluem a história e a prevalência de eventos de tiro ativo, opções de resposta civil, questões médicas e considerações para a realização de exercícios.

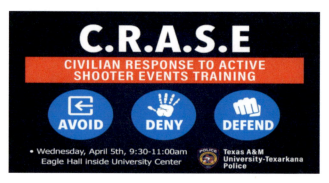

Fonte: www.river951.com

Desde 2002, o Programa de Treinamento Avançado de Resposta Rápida para Aplicação da Lei (ALERRT) da Universidade Estadual do Texas tem sido usado para treinar policiais em todo o país em como responder rapidamente a situações perigosas de ameaça ativa. Ao longo dos anos, vimos os tempos de resposta encurtarem e as capacidades da aplicação da lei aumentarem. Como resultado de uma maior conscientização pública, muitos cidadãos perguntaram o que os indivíduos podem fazer para se proteger e reduzir os perigos enfrentados durante um desses eventos. Avoid/Deny/Defend foi desenvolvido como um método fácil de lembrar para os indivíduos seguirem - como vimos que esconder e esperar não é uma estratégia muito eficaz.

Qual é a diferença entre "Evitar Negar Defender" (Avoid/Deny/Defend) e corra, esconda-se lute (Run Hide Fight)?

Muitas escolas e empresas preferem a terminologia de Evite Negar Defender, porque está mais alinhada com seu departamento de recursos humanos e padrões educacionais. Eles acreditam que "Evitar" é uma palavra mais palatável do que "Corra", porque "Corra" priva os direitos aqueles que são incapazes de correr fisicamente. "Negar", como negar o acesso à sua localização, é uma palavra mais forte do que "Esconder". E E enquanto "Fight" é uma ação que é proibida na maioria dos campi escolares, "Defend" é uma salvaguarda de último recurso, um direito e um oportunidade de se proteger contra ações com risco de vida. Em última análise, seja qual for o plano que você use, nós encorajamos você a ter um plano - e estar ciente de seu entorno, estar seguro e saber que o que você faz importa.

EVITAR

- Sair do ponto crítico é a melhor opção para preservação das vidas;
- Após identificar a crise (distância dos estampidos, movimentação dos alunos), a primeira opção é sair do prédio onde a crise está correndo;
- A identificação das rotas de saída ajudam a possibilitar a fuga;

- Durante a fuga pode ocorrer de se deparar com o agressor, desta forma, ter diferentes rotas e identificar o local onde a ameaça se encontra facilita o processo.

NEGAR

Caso não consiga fugir para fora do prédio, mas conseguiu se afastar do agressor, ESCONDA-SE ou como prefiro negue sua localização.

- Caso não tenha conseguido sair da sala, impedir que o agressor entre neste ambiente é prioridade;
- Trancar a porta da sala (caso tenha tranca), barricar a porta com

armários, carteiras, cadeiras, tudo que impeça o acesso do agressor;

- Formar esconderijos dentro da sala com carteiras e cadeiras;
- Quando estiver escondido em local seguro, ligue para a Polícia.

DEFENDER

Como última alternativa, se você não conseguir evitar o contato com o Agressor, talvez se defender e lutar signifique algo entre a VIDA e a MORTE. Ter um plano poderá ser a chave para sua sobrevivência e de outras pessoas.

- Lute pela sua vida e dos demais alunos;
- As estatísticas evidenciam que, se você faz algo proativo, busca o enfrentamento com o agressor ativo, pode fazer toda a diferença em uma crise;

- Planejar uma ação de combate é importante, você tem que estar preparado para se defender;

- Confrontar com os meios que tiver em mãos: cadeiras, carteiras, mochilas, extintores, outros objetos que possam servir de anteparo;

- Esse será seu último recurso, lute por sua sobrevivência.

Discurso final

Prezados leitores,

Gostaria de expressar minha gratidão a todos que leram o livro. Espero que tenha sido útil e esclarecedor sobre o tema abordado. O conhecimento e a compreensão de questões importantes, como a prevenção da violência nas escolas e o bullying, são fundamentais para criar ambientes escolares seguros e acolhedores para todos os alunos. E isso só pode ser alcançado com a colaboração de pais, professores, funcionários da escola e, principalmente, dos próprios alunos.

A implementação de protocolos de segurança é fundamental para garantir a segurança e o bem-estar de todos em diversas áreas, desde o ambiente escolar até o ambiente de trabalho e em locais públicos.

Em instituições escolares, por exemplo, a implementação de protocolos de segurança pode ajudar a prevenir e lidar com situações de violência, bullying, agressão ou outras formas de comportamento inadequado. Alguns protocolos podem incluir medidas como a instalação de câmeras de segurança, a contratação de seguranças para patrulhar o ambiente escolar, a implementação de programas de prevenção de violência e de planos de emergência em caso de situações de risco.

Já em locais de trabalho, os protocolos de segurança são fundamentais para garantir a segurança dos funcionários e prevenir acidentes. Esses protocolos podem incluir treinamentos de segurança, a implementação de medidas de prevenção de incêndios, a criação de planos de evacuação em caso de emergências, a inspeção regular de equipamentos e a criação de políticas para lidar com situações de assédio ou violência no local de trabalho.

Em resumo, a implementação de protocolos de segurança é fundamental para garantir a segurança e o bem-estar de todos em diversas áreas. A implementação desses protocolos deve ser acompanhada por treinamentos adequados e conscientização, para que todos possam colaborar e seguir as medidas de segurança estabelecidas.

Agradeço novamente pela atenção dada à leitura deste livro e espero que ele tenha contribuído para aumentar a conscientização sobre essas questões tão importantes. Se cada um de nós fizer a nossa parte, podemos ajudar a criar um mundo melhor e mais justo para todos.

REFERÊNCIAS

Abra mova y, M. et al. Cotidiano nas Escolas: entre violências. Brasília: Unesco, 2006. Abra mova y, M. e Rua, M. das G. Violências nas Escolas. Brasília: Unesco, 2002.

ADVANCED LAW ENFORCEMENT RAPID RESPONSE TRAINING. Avoid / Deny / Defend. San Marcos: Texas State University, 2015. Disponível em: https://www.avoiddenydefend.org/. Acesso em: 13 dez. 2022. ADVANCED LAW ENFORCEMENT RAPID RESPONSE TRAINING. Robb Elementary School Attack Response Assessment and Recommendations. San Marcos: Texas State University, 2022. Disponível em: https://alerrt.org/r/31. Acesso em: 13 dez. 2022.

AGUILAR, P. A. et al. Atualização de Procedimentos Adotados na PMESP na Doutrina de Gerenciamento de Crises, modelo estático para o modelo dinâmico de gestão de crises. Artigo Científico (Mestrado em Ciências Policiais de Segurança e Ordem Pública) - Centro de Altos Estudos em Segurança. São Paulo: CAES, 2017.

ANDRADE, Adriano; RACORTI, Valmor. Ataques Ativos: Análise do Fenômeno e Propostas de Atuação em Amplo Espectro. Acesso em 28/04/2023. Disponivel em **https://velhogeneral.com.br**.

BRASIL. [Constituição (1988)]. Constituição da República Federativa do Brasil de 1988. Brasília, DF: Presidência da República, [2016]. Disponível em: http://www.planalto.gov.br/ccivil_03/constituicao/constituicaocompilado.htm. Acesso em: 13 dez. 2022.

BRASIL. Decreto no 2.848 de 7 de dezembro de 1940. Código Penal. Brasília, DF: Presidência da República, [2022]. Disponível em: https://www.planalto.gov.br/ccivil_03/DecretoLei/Del2848.htm. Acesso em: 11 mar. 2023.

Cartilha do Batalhão Escolar da Polícia Militar de Goiás. Polícia Militar do Estado de Goiás. 2011. Projeto Juventude e Prevenção da Violência.

Cartilha Cultura de Paz. Ministério da Educação e Cultura. Instituto Sou da Paz. 2010.

Cartilha Violência e Escola: Definição, Encaminhamento e Prevenção – Manual aos Gestores das Instituições Educacionais. Secretaria de Estado da Educação do Distrito Federal, 2008.

COLORADO, US (Estado). The Report of Governor Bill Owens' Columbine Review Commission. 2001. Disponível em: https://schoolshooters.info/sites/default/files/Columbine-Governors-CommissionReport.pdf. Acesso em: 05 abr. 2023. FEDERAL EMERGENCY MANAGEMENT AGENCY. National Incident Management System. Washington: Department of Homeland Security, 2017. Disponível em: https://www.fema.gov/sites/default/files/2020-07/fema_nims_doctrine2017.pdf. Acesso em: 26 mar. 2023.

FEDERAL BUREAU OF INVESTIGATION. Active Shooter Incidents 20-Year Review, 2000-2019. Washington: Office of Partner Engagement, 2021a. Disponível em: https://www.fbi.gov/file-repository/active-shooter-incidents-20-year-review-2000- 2019-060121.pdf. Acesso em: 13 jan. 2023.

FEDERAL BUREAU OF INVESTIGATION. Active Shooter Incidents in the United States in 2020. Washington: Office of Partner Engagement, 2021b. Disponível em: https://www.fbi.gov/file-repository/active-shooter-incidents-in-the-us-2020-070121.pdf. Acesso em: 13 jan. 2023. FEDERAL BUREAU OF INVESTIGATION. Active Shooter Incidents in the United States in 2021. Washington: Office of Partner Engagement, 2022. Disponível em: https://www.fbi.gov/file-repository/active-shooter-incidents-in-the-us-2021- 052422.pdf. Acesso em: 13 jan. 2023.

FERNANDES, E. O. As ações terroristas do crime organizado no Brasil: os novos criminosos têm como único objetivo o lucro desmedido mediante o uso do terrorismo. Defesanet, 2016. Disponível em: http://www.defesanet.com.br/terror/noticia/24246/As-acoesterroristas-do-crimeorganizado-no-Brasil/. Acesso em: 13 jan. 2023.

LENGMAN, Peter. Warning signs: Identifying School Shooters Before They Strike. 1ªEd. 2021.

MABILDE, Debora. **Massacre de Suzano: análise do discurso da Folha de São Paulo sobre os atiradores. Acesso em 28/04/2023. Disponivel em www.ufrgs.br**

Manual de Proteção Escolar e Promoção da Cidadania. Sistema de Proteção Escolar. Secretaria da Educação do Estado de São Paulo. 2009.

VISAO Mundial. **Comissões de Proteção na Escola.** disponível em: visaomundial.org.br. acesso em 27 de abril de 2023.

RIBEIRO, Denison. A MARCHA DO GIGANTE construa novos hábitos destravando sua mente com seus pensamentos. Disponível em: amazon.com.br

SECRETARIA DE ESTADO DE EDUÇÃO GOIÁS. Protocolo de Segurança Escolar Promovendo a Cultura de Paz e Cidadania Nas Escolas. Disponivel em: **https://site.educacao.go.gov.br**.

POIARES, Nuno. A escola e os comportamentos desviantes: novas tendências. Disponível em: **https://repositorio.ipbeja.pt**. Acesso em 25/04/2023.

Made in the USA
Columbia, SC
30 December 2024

09254fca-fd7b-4721-84f2-211357d90fa0R01